In unseren Veröffentlichungen bemühen wir uns, die Inhalte so zu formulieren, dass sie allen Menschen gerecht werden, dass sich alle Geschlechter angesprochen fühlen, wo alle gemeint sind, oder dass ein Geschlecht spezifisch genannt wird. Nicht immer gelingt dies auf eine Weise, dass der Text gut lesbar und leicht verständlich bleibt. In diesen Fällen geben wir der Lesbarkeit und Verständlichkeit des Textes den Vorrang. Dies ist ausdrücklich keine Benachteiligung einzelner Geschlechter.

Für in diesem Titel enthaltene Links auf Websites/Webangebote Dritter übernehmen wir keine Haftung, da wir uns deren Inhalt nicht zu eigen machen, sondern sie lediglich Verweise auf den Inhalt darstellen. Die Verweise beziehen sich auf den Inhalt zum Zeitpunkt des letzten Zugriffs: 09.04.2025.

Dieser Titel ist entstanden in Zusammen mit dem Arbeitsbereich Trainee im Evangelischen Jugendwerk in Württemberg (www.trainee-online.de). Die Idee für den Trainee-Guide stammt von Markus Weimer aus der Kirchengemeinde Böhringen (www.ekiboe.de).

ejw Evangelisches Jugendwerk in Württemberg

EVANGELISCHE KIRCHENGEMEINDE BÖHRINGEN

Impressum

ejw Evangelisches Jugendwerk in Württemberg

© 2. aktualisierte Auflage 2025
Praxisverlag buch+musik bm gGmbH
Haeberlinstraße 1–3, 70563 Stuttgart, kontakt@praxisverlag-bm.de
Erstauflage 2022 bei buch+musik ejw-service gmbh, Stuttgart

ISBN 978-3-86687-320-9

Lektorat: buch+musik – Tamara Müller, Stuttgart
Gestaltung und Satz Umschlag, Inhalt und Downloads sowie Illustrationen: buch+musik – Daniela Buess, Stuttgart
Bildrechte Umschlag und Inhalt: Fotolia: flas100; iStock: edge69, Aliona Manakova
Bildrechte Autorenfotos: Julian Meinhardt, Stuttgart
Druck und Gesamtherstellung: w3 print + medien GmbH & Co. KG, Wetzlar

www.praxisverlag-bm.de

Markus Röcker | Christoph Schneider

DER TRAINEE GUIDE

Hinweise für Mitarbeitende
zur Arbeit mit dem Trainee-Guide und zum Trainee-Programm sind unter https://bumlnk.de/Leader-Guide zu finden.

buch + musik

ejw Evangelisches Jugendwerk in Württemberg

„Das Trainee-Programm birgt ein Risiko. Wenn du dich darauf einlässt, wirst du am Ende nicht mehr die gleiche Person sein. Es gibt kein ‚zu früh'. Lass dich auf das Abenteuer ein. Entdecke, was Gott in dich hineingelegt hat."

MARKUS WEIMER, PFARRER UND TRAINEE-FAN

UND LOS GEHT'S ...
... MIT EINEM GUTEN ÜBERBLICK

Der TRAINEE-Guide – darum geht's

Es ist ein Fest für uns, dass du mit deiner Trainee-Gruppe an den Start gehst. Willst du wissen, warum? Weil wir viele Geschichten von Jugendlichen in Trainee-Gruppen erleben durften, die über sich hinausgewachsen sind. Wenn du dein Potenzial entdeckst, wenn du merkst, es steckt mehr in dir, als du bisher gewusst hast, dann feiern wir das richtig heftig.

Trainee bedeutet, dass du dich auf eine Entdeckungstour begibst und viele neue Dinge ausprobierst. Dabei geht es darum, dass deine Persönlichkeit sich weiter entfaltet, deine Begabungen zu leuchten beginnen und du jede Menge neue Erfahrungen in der Mitarbeit machst.

Vielleicht zweifelst du ja noch, ob du tatsächlich die oder der Richtige für diese Herausforderung bist? Dann sagen wir dir: Zweifel sind voll okay! Warum können wir das so einfach behaupten? Weil wir an einen Gott glauben, der uns Menschen so richtig kreativ geschaffen hat; ganz einzigartig, wertvoll und talentiert. Und genau dieses Vertrauen auf diesen Gott lässt uns zu Beginn deiner Trainee-Zeit entschlossen behaupten: Zweifel sind voll okay! Und Zweifel haben nicht das letzte Wort!

Wir wollen dir kurz von Josua erzählen: Josua wurde die Leitungsverantwortung für das ganze Volk Israel übertragen – krass, ein ganzes Volk zu leiten! Und er wusste nicht so recht, ob er das auf die Reihe bekommen würde. Er zweifelte an seinen Begabungen und Fähigkeiten. Und dann schenkte Gott ihm eine große Ermutigung. Er sagte zu ihm: „Ich habe dir doch gesagt, dass du stark und mutig sein sollst! Fürchte dich nicht und schrecke vor nichts zurück! Denn der Herr, dein Gott, ist mit dir bei allem, was du unternimmst" (Jos 1,9 BasisBibel)! Gott hat dich richtig wertvoll und begabt geschaffen! Er will dich befähigen, Dinge zu tun, die du dir aktuell vielleicht noch gar nicht vorstellen kannst. Wir feiern es, wenn du während deiner Trainee-Zeit diesen Gott ein bisschen mehr kennenlernst. Also sei mutig und stark, stürze dich hinein in dein Trainee-Abenteuer!

Der Trainee-Guide ist dein Begleiter dafür und enthält viele wertvolle Informationen. Besonders wertvoll, finden wir aber deine persönlichen Entdeckungen und das, was du bedeutend findest für dich und dein Leben. Deshalb benutze den Trainee-Guide und notiere deine persönlichen Erfahrungen darin!

Christoph & Markus

Christoph und Markus

Übrigens: Das Trainee-Programm macht dich zu einer echten Superheldin / einem echten Superhelden. Glaubst du nicht? Dann schau mal hier rein: bumlnk.de/trainee-superheld

Inhaltsverzeichnis

Einheit besucht am:

Teil 5: Organisatorische Kompetenz

Teil 6: One Day or Day One – You decide!

Diese Termine sind wichtig:

Das Trainee-Programm

Jede Trainee-Gruppe entwickelt einen ganz eigenen Style und auch die Struktur und die Methoden sind in jeder Gruppe unterschiedlich. Dies liegt da daran, dass Trainee von den Menschen lebt, die deine Trainee-Zeit miteinander gestalten. Aber es gibt in aller Vielfalt fünf Konstanten, die sehr wichtig sind.

UMFELD – Den Raum betreten: Mit dem Trainee-Programm eröffnen wir dir neben Familie und Schule einen dritten Raum. Wir tun alles, dass du spürst, so angenommen zu sein, wie du bist. Wir hoffen, dass du hier ohne Druck deine Begabungen entdeckst, Leitungserfahrungen machst und Glaubensschritte wagst. Vor allem ist es uns wichtig, dass du auf diese Weise gestärkt in deinen Alltag zurückgehst.

GLAUBE – Das Boot verlassen: Folgender Satz nach dem gleichnamigen Buch von John Ortberg ist für das Trainee-Programm ziemlich wichtig: „Wer auf dem Wasser gehen will, muss aus dem Boot steigen!" Dahinter steht die wundersame Erfahrung, die einer der Schüler Jesu einmal machte. In Matthäus 14,24-33 wird davon berichtet, wie Petrus den Mut hatte, mitten im Sturm das Boot zu verlassen und auf Jesus zuzugehen. Eine Erfahrung, die sein Leben vollkommen auf den Kopf gestellt hat. Im Trainee-Programm ermutigen wir dich immer wieder zu Schritten, die unmöglich scheinen. Lass dich darauf ein!

KOMPETENZEN – Über dich hinauswachsen: Wir glauben, dass Gott dich richtig wertvoll und begabt geschaffen hat, dass er dich befähigen wird, Dinge zu tun, die du dir aktuell vielleicht noch gar nicht vorstellen kannst. An folgenden fünf Trainee-Kompetenzen (Kompetenz ist ein anderes Wort für Fähigkeit) wird sich deine Trainee-Zeit inhaltlich orientieren:

+ Pädagogische Kompetenz: Die Fähigkeit, einen Inhalt gut zu vermitteln und Menschen und Gruppen anzuleiten.
+ Soziale Kompetenz: Die Fähigkeit, mit anderen Menschen in guter Verbindung zu leben.
+ Personale Kompetenz: Die Fähigkeit, deine Stärken und Schwächen zu kennen und auf gute Weise einzusetzen.
+ Theologische Kompetenz: Die Fähigkeit, zu wissen, wie man Gott besser kennenlernt, mit ihm in Beziehung lebt und von ihm weitererzählen kann.
+ Organisatorische Kompetenz: Die Fähigkeit, etwas zu planen und umzusetzen.

LEITUNG – Dem Viereck folgen: Im Trainee-Programm wirst du zur Jugendleitung ausgebildet. Dafür braucht es von dir ein aktives, lernendes Zusehen. Weiter hast du die Möglichkeit zum helfenden Engagement in ganz unterschiedlichen Bereichen. Wenn du dann dein Praxis-Projekt (s. S. 74) angehst, übernimmst du Leitungsverantwortung und wirst dabei aktiv von erfahrenen Menschen unterstützt. Nach deiner Trainee-Zeit ist unser Wunsch und unsere Hoffnung, dass du selbstständig eigene Projekte (mit)verantwortest, wie z. B. eine Sommerfreizeit (mit)leiten oder eine Kinder- oder Jugendgruppe starten oder dort mitarbeiten. Vielleicht hast du in deiner Trainee-Zeit auch eine besondere Leidenschaft oder ein Talent in dir entdeckt und willst damit etwas ganz Neues starten. Dann let's do it!

QUALIFIKATION – Die Karte bekommen: Während des Trainee-Programms sammelst du regelmäßig Credits, um danach die offiziell anerkannte Jugendleiter-Card („Juleica") zu erhalten. Die Juleica ist ein Qualitäts- und Qualifizierungsnachweis für ehrenamtlich Tätige in der Arbeit mit Kindern und Jugendlichen.[1] Wir erfüllen mit unserem Programm alle Kriterien, damit du die Juleica bekommen kannst, und können nach Absolvierung der nötigen Einheiten deinen Ausweis beantragen. Am Ende des Trainee-Programms gibt es natürlich ein ausführliches Zertifikat mit einem entsprechenden Abschluss-Event.

1 Mit der Juleica bekommst du viele Ermäßigungen in öffentlichen Einrichtungen (an einem Tag im Jahr freien Eintritt in den Europapark, freien Eintritt ins Schwimmbad ...) – frag mal in deiner Stadt nach, welche Vergünstigungen dir die Juleica bringt!

Meine Trainee-Erinnerungen

Du hast hier Platz, um deine Trainee-Erinnerungen sichtbar zu machen. Die anderen Teilnehmenden, die Mitarbeitenden, die Referentinnen und Referenten, coole Einheiten oder Erinnerungen ... Ob du ein Foto einklebst oder mit einem Stift kreativ wirst, völlig egal! Diese Seite ist dafür da, deine Erinnerungen festzuhalten – und die sind so individuell wie du selbst!

„Besonders fasziniert mich, wenn Trainees in Gruppen oder im Praxisprojekt erste Schritte gehen, um andere anzuleiten, und Inhalte besser vermitteln als ich es je für möglich gehalten hätte.“

CHRISTOPH SCHNEIDER

TEIL 1

PÄDAGOGISCHE KOMPETENZ

Die Fähigkeit, einen Inhalt gut zu vermitteln und Menschen und Gruppen anzuleiten.

1.1 Gruppenphasen

Was passiert, wenn eine neue Gruppe startet? In dieser Einheit lernst du fünf Gruppenphase kennen. Du kannst damit deine Gruppe besser einschätzen und ableiten, welche Aufgabe sich für dich als Leitung daraus ergeben. Zudem ist es sehr hilfreich für deine Programmgestaltung, zu wissen, in welcher Phase sich deine Gruppe befindet.

Gruppenphase	Situation der Teilnehmenden
Anfangs- und Orientierungsphase • Wer sind die anderen? • Wer gehört dazu, wer nicht?	
Machtkampf- und Rollenklärungsphase • Werde ich in die Gruppe aufgenommen? • Wo ist mein Platz in der Gruppe? • Wer leitet die Gruppe an?	
Vertrautheitsphase Wir sind eine tolle Gruppe!	
Differenzierungsphase Alle in der Gruppe sind wichtig.	
Trennungs- und Ablösungsphase Am Ende ist es wichtig, mit der Gruppe einen gemeinsamen Abschluss zu gestalten.	

DAS MERK ICH MIR:

DATUM:

Aufgaben der Leitung	Tipps für das Programm

1.2 Gruppenrollen

In jeder Gruppe gibt es bestimmte Rollen, welche die Teilnehmenden einnehmen. Ordne die jeweilige Rolle den passenden Tieren am Tisch zu. Was sind Merkmale, auf die du achten kannst, um eine Rolle zu erkennen?

Tier	Rolle	Merkmale
Hund		
Pferd		
Affe		
Frosch		
Schaf		

Igel		
Nilpferd		
Giraffe		
Fuchs		

Es gibt natürlich noch viel mehr Rollen, als hier dargestellt werden. Welche fallen dir noch ein?

Achtung: Jede Rolle hat positive und negative Aspekte und jeder einzelne Aspekt ist wichtig, um Dynamik in die Gruppe zu bringen!

DAS MERK ICH MIR:

DATUM:

1.3 Leitungsstile

Leitung zu sein, fällt nicht vom Himmel. Je mehr Übung und Erfahrung du hast, desto leichter fällt es dir, vor Gruppen zu stehen! Welche Eigenschaften hat eine gute Leitung?

+ Selbstbewusstsein
+ respektvollen, liebevollen Umgang mit Teilnehmenden
+ konsequentes Verhalten
+ Einfühlungsvermögen, Interesse an Teilnehmenden
+ Gerechtigkeit, fairen Umgang mit allen Teilnehmenden
+ Geduld, Glaubwürdigkeit, Zuverlässigkeit
+ Engagement, Leidenschaft
+ konstruktiven Umgang mit Konflikten und Kritik
+ Humor und Freude an der Arbeit
+
+
+

Leitungstil	Stärken	Gefahren	Wann passt er?
Der autoritäre Leitungstil			
Der laissez-faire („Lass sie machen") Leitungsstil			
Der partnerschaftliche Leitungsstil			

Regeln und Konsequenzen

Konsequente Leitungen haben Klarheit darüber, was sie von den Teilnehmenden erwarten, und können dadurch klare Grenzen setzen. Je klarer du bist, desto entspannter und liebevoller kannst du sein.

Im Umgang mit deiner Gruppe bedeutet das:

+ Stelle von Anfang an klare und verständliche Regeln auf.
+ Kommuniziere durch Ich-Botschaften.
+ Gib klare Anweisungen.
+ Ermahne deine Teilnehmenden, ohne ärgerlich oder ängstlich zu werden.
+ Begründe deine Ermahnungen, damit die Angesprochenen deine Reaktion nachvollziehen können.
+ Ziehe angedrohte Konsequenzen bei Regelbruch auch durch (s. u.).

Regeln sind dann gut, wenn ...

+ ... sie einfach und eindeutig formuliert sind.
+ ... sie einen Sinn ergeben.
+ ... sie für alle gelten (auch für Mitarbeitende/Leitung).
+ ... Ausnahmen klar verständlich und begründet sind.

Hilfreiche Regeln für eine Gruppe

Für eine Gruppe sind gemeinsame Regeln besonders wichtig. Sie sorgen für ein gutes Miteinander und gewisse Rahmenbedingungen des Umgangs untereinander.

Welche 3–5 Gruppenregeln sind für dich besonders wichtig? Schreibe Beispiele auf.

Mögliche Reaktionen und Konsequenzen bei Regelverstößen

Wenn Teilnehmende gegen Regeln verstoßen, muss die Leitung handeln. Von konsequentem Handeln spricht man, wenn die Sanktion bei einem Regelverstoß logisch nachvollziehbar und damit schlüssig ist. Folgt keine Konsequenz bei einem Regelverstoß, verlieren die Regeln an Wirkungskraft.

Welche Ideen für Konsequenzen bei Regelverstößen hast du?

Die 3F-Methode

Wie man seinen Einfluss als Leitung in positiver Weise um- und einsetzen kann, lässt sich durch die 3F-Methode gut veranschaulichen: Fordern – Fördern – Feedback.

Fordern: Die Erwartungen an die Gruppe werden klar und deutlich formuliert – Regeln sind hierfür ein gutes Instrument ebenso wie eine mögliche Zielsetzung.

Fördern: Die Gruppe wird dazu animiert, zu Höchstleistungen aufzulaufen, indem die Potenziale und Fähigkeiten der Einzelnen im Fokus stehen und gefördert werden. Den Teilnehmenden wird etwas zugetraut, jedoch werden sie nicht überfordert.

Feedback: Positive aber auch kritische Rückmeldung an Einzelne bzw. die Gruppe bringen die Gruppe voran, stärken und korrigieren Situationen. Feedback lässt die Teilnehmenden an sich persönlich und den anderen lernen und wachsen.

Wie kannst du die 3F-Methode ganz konkret umsetzen?

DAS MERK ICH MIR:

DATUM:

1.4 Entwicklungspsychologie

Stufenmodell der psychosozialen Entwicklung nach Erik Erikson

Im Jahr 1950 hat der amerikanische Psychologe Erik Erikson (1902–1994) in einem Buch den Artikel „Die acht Phasen des Menschen" veröffentlicht. Darin beschreibt Erikson acht verschiedene Entwicklungsstufen, die jeder Mensch nacheinander durchläuft. In jeder Phase gibt es eine „Entwicklungsaufgabe", die positiv oder negativ bewältigt werden kann. Das Modell geht davon aus, dass jeder Mensch sich in Stufen entwickelt, die in jedem von Geburt an angelegt sind. Jede dieser Stufen besitzt eine besondere Thematik, die dann zu einer Art Lebenskrise oder innerem Konflikt wird. Wenn die Krise bewältigt wurde, folgt die nächste Stufe. Wichtig ist zu bedenken, dass es fließende Übergänge gibt, auch wenn die Entwicklung in Stufen eingeteilt ist.

1. Stufe: „Urvertrauen gegen Urmisstrauen" (1. Lebensjahr)

„Ich bin, was man mir gibt."

Ein Neugeborenes ist darauf angewiesen, dass es versorgt wird. Ist die Versorgung gewährleistet, entwickelt es Vertrauen. Es wird aber auch immer Misstrauen erfahren. Es ist wichtig, dass ein Kind beides kennenlernt. Entscheidend für eine gesunde Persönlichkeitsentwicklung ist, dass sich das Vertrauen stärker entwickelt als das Misstrauen und zur positiven Grundhaltung im Leben wird.

2. Stufe: „Autonomie gegen Scham und Zweifel" (2. und 3. Lebensjahr)

„Ich bin, was ich will."

Das Kind macht sich langsam selbstständig und löst sich von der Bezugsperson. Das wird unterstützt durch das Erlernen von Laufen und Sprechen. Es kommt häufig zu sogenannten „Trotzphasen". Außerdem spielt die „Sauberkeitserziehung" eine große Rolle, also das Abgewöhnen der Windel. Es ist wichtig, darauf zu achten, das Kind in dieser Phase (v. a. bei „Niederlagen") nicht zu beschämen, damit Autonomie und Stolz Scham und Zweifel überwiegen.

3. Stufe: „Initiative gegen Schuldgefühl" (4. und 5. Lebensjahr)

„Ich bin, was ich mir vorstellen kann zu werden."

Das Kind erkundet immer mehr seine Umwelt, probiert sich im Spiel aus und entwickelt viele Fragen. Es fördert die Initiative des Kindes, wenn es lernt, diese Dinge ohne fremde Hilfe zu tun. Außerdem setzt sich das Kind nun vermehrt mit seinem Geschlecht auseinander und entwickelt ggf. Rivalität der Mutter oder dem Vater gegenüber. Dabei lernt das Kleinkind auch Schuldgefühle kennen. In dieser Zeit bildet sich das Gewissen aus. Ein erfolgreiches Erleben dieser Stufe ist dann gegeben, wenn das Kind gelernt hat, Initiative zu ergreifen sowie mit seinen Schuldgefühlen umzugehen.

4. Stufe: „Werksinn gegen Minderwertigkeitsgefühl" (ca. 6. bis 11. Lebensjahr)

„Ich bin, was ich lerne."

Das Kind ist sehr lernbegierig und will alles wissen. Erfolgreich zu sein ist wichtig. Neben dem Drang zum Spielen entwickelt das Kind einen Werksinn, d. h. es möchte etwas Nützliches leisten. Falls hierbei die Erfolgserlebnisse ausbleiben, entwickelt sich mit der Zeit ein Minderwertigkeitsgefühl. Für eine gesunde Entwicklung ist es deshalb nötig, dass den Kindern Erfolgserlebnisse ermöglicht werden.

5. Stufe: „Identität gegen Identitätskonfusion" (ca. 12. bis 16. Lebensjahr)

„Ich bin, was ich bin."

Der Körper verändert sich und auch die Ansprüche der Umwelt. Die/der Jugendliche beginnt, sich selbst Fragen zu stellen, und sucht ihre/seine Identität, z. B. durch die Auseinandersetzung mit den Eltern und dem Infragestellen der Bezugspersonen, Rollenfindungsprozesse in der Gleichaltrigengruppe, Auseinandersetzung mit anderen Geschlechtern. Die Antwort besteht darin, die bisher gesammelten Erfahrungen, die aus dem Bewältigen der vorherigen Krisen bestehen, zu einer Ich-Identität zusammenzufügen. Diese Identitätsbildung gelingt besser, wenn man möglichst viele positive Erfahrungen gesammelt hat und dadurch ein gesundes Selbstvertrauen besitzt. Falls dies nicht der Fall ist, kommt es zu einer sogenannten Identitätskonfusion.

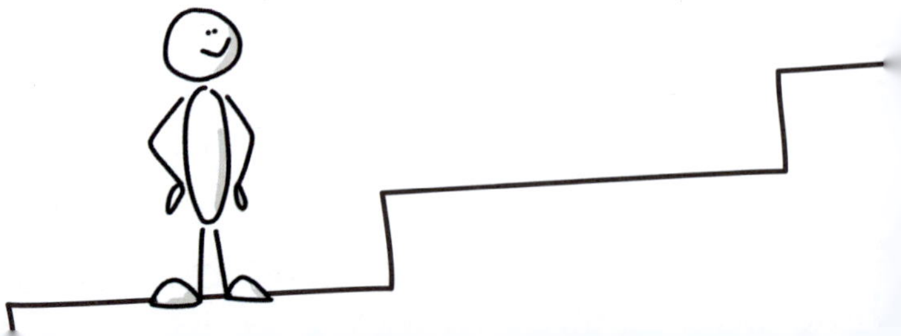

6. Stufe: „Intimität gegen Isolierung" (frühes Erwachsenenalter)

„Ich bin, was mich liebenswert macht."

Erst wenn die eigene Identität geklärt ist, werden tragfähige Beziehungen und Partnerschaften möglich. Auf der anderen Seite steht die Isolierung, die damit erklärt werden kann, dass noch keine stabile Ich-Identität ausgebildet wurde. Es ist aber wichtig, dass die Erfahrung der Isolation oder auch der Abgrenzung für alle notwendig ist. Wiederum geht es um ein sinnvolles Verhältnis, das sich zwischen Intimität und Isolierung entwickeln muss.

7. Stufe: „Generativität gegen Stagnation" (Erwachsenenalter)

„Ich bin, was ich bereit bin zu geben."

Als Folge der Intimität kommt es zu Familiengründungen, Kinder werden geboren. Erikson versteht unter der Generativität das Erziehen der nächsten Generation, sei dies als Eltern oder sonst in einer Form, die dieses Ziel vor Augen hat. Das Gegenteil davon wäre Stagnation, hierunter wird eine Art Vereinsamung verstanden, d. h. zwischenmenschliche Beziehungen werden wenig gepflegt. Diese Haltung führt zur Vereinsamung.

8. Stufe: „Integrität gegen Verzweiflung" (reifes Erwachsenenalter)

„Ich bin, was ich mir angeeignet habe."

Im besten Fall kommt es in diesem Stadium zur vollen Reife, zur Bereitschaft, seinen einmaligen Lebenslauf zu akzeptieren, mit allen positiven und negativen Erlebnissen und Ereignissen. Dadurch wird es möglich, in Ruhe und Frieden zu leben. Falls dies nicht gelingt, stellt sich ein „Lebensekel" ein. Daraus entsteht Enttäuschung und Unzufriedenheit über das eigene Leben, vielleicht sogar Verzweiflung über die verpassten Chancen.

DAS MERK ICH MIR:

DATUM:

1.5 Spielpädagogik

DAS MERK ICH MIR:

DATUM:

Häufig spielen wir nicht um des Spielens Willen, sondern weil wir den Teilnehmenden damit etwas vermitteln möchten. Mit den folgenden Tipps und Planungsschritten gelingt dir das spielend.

Planung

+ Kenntnis über die Spielgruppe: Alter der einzelnen Gruppenmitglieder, Gruppengröße, Spielerfahrung der Spielenden
+ Zeitrahmen: Wie viel Zeit habe ich für das Spiel? Wie viel Zeit brauche ich für die Vorbereitung?
+ Ort und Raum für das Spiel: drinnen oder draußen, Risiko und Sicherheit der Mitspielenden durch Beschaffenheit des Spielorts beachten

Spielpädagogisches Konzept

+ Ziele: Was sollen die einzelnen Spielenden und was die gesamte Spielgruppe lernen?
+ Entscheidung/Begründung für die Auswahl des Spiels / der Spiele im Hinblick auf das Ziel: Wie unterstützt dieses Spiel das Ziel?

Realisierung und Umsetzung (Methode)

+ Aufbau und Gestaltung des Spiels, Spannungsbogen: Werden die Spiele einzeln gespielt oder zu einer Spielkette aufgebaut? Wie kann man dabei die Spielenden in Spannung halten?
+ Optische Gestaltung / Dekoration: Wie kann die Wirkung des Spiels durch Dekoration und Verkleidung unterstützt werden?
+ Materialien: Was wird benötigt?
+ Sicherheit und Risiko: Gibt es Gefahrenquellen?
+ Mitarbeitende und Spielleitung: Anzahl, benötigte Fähigkeiten der Einzelnen

Reflexion

- Auswertung für die Spielleitung: Wie hat sie sich gefühlt? Gab es Schwierigkeiten? Gab es Auffälligkeiten bei der Gruppe? Wie war die Reaktion auf auftretende Schwierigkeiten? Wie war die Reaktion auf den Spielverlauf? Wie war der Ablauf des Spiels? Welchen Beitrag hat die Spielleitung dazu geleistet?
- Reflexion mit der Gruppe: Hat die Gruppe das Ziel erreicht? Wie agierte die Gruppe als ganze? Welche Schwierigkeiten traten auf? Wie ging die Gruppe damit um? Waren alle integriert? Wie ging es den Einzelnen während des Spiels? Gab es Über- oder Unterforderung? Wo und wann? Wurde das Spiel gut verständlich erklärt und Rückfragen geklärt?

Welche Spiele kennst du? Zu welcher Spielart passen sie?

Spielarten	Spielbeispiele
Kennenlernspiele	
Warm up-Spiele	
Wahrnehmungsspiele	
Vertrauensspiele	
Kooperationsspiele	
Abenteuerspiele	
Bewegungsspiele	
Entspannungsspiele	
Geländespiele	
Reflexionsspiele	
Ratespiele	
Wettspiele	
Rollenspiele	
Kreisspiele	
Brettspiele/Kartenspiele	
Geschicklichkeitsspiele	

Platz für Notizen und Anmerkungen

„Im Trainee-Programm haben sich neue Räume für mich eröffnet. Ich habe viel über mich selbst gelernt. Hier musste ich mich nicht beweisen, sondern ich durfte sein wie ich bin. Dadurch hat sich auch meine Sicht auf mein Umfeld, z. B. in der Schule, verändert."

MARKUS RÖCKER

TEIL 2

SOZIALE KOMPETENZ

Die Fähigkeit, mit anderen Menschen in guter Verbindung zu leben.

2.1 Kommunikation

„Jeder ist normal – bis du ihn kennenlernst" (John Ortberg).

Reden und Verstehen ist gar nicht so einfach, wie man vielleicht denkt. Vor allem, weil wir Menschen gar „nicht nicht kommunizieren" können (nach Paul Watzlawick). Egal, ob ich schweige oder rede, ich teile meinem Gegenüber immer etwas mit. Ob ich will oder nicht, schwingen in meinen Worten oder in meiner Körperhaltung auch Gefühle mit. Da sind Missverständnisse oft vorprogrammiert. Viele zwischenmenschliche Konflikte sind Kommunikationsprobleme. Aber gut miteinander zu kommunizieren ist eine Kunst, die man lernen kann!

Jede Nachricht, die wir aussprechen, enthält verbale (ausgesprochene) und nonverbale (nicht ausgesprochene) Aspekte.

Verbale Aspekte: **Alles, was gesagt und gehört wird.**	**Nonverbale Aspekte:** **Alles, was nicht gesagt wird, aber trotzdem gedeutet wird bzw. mitschwingt.**
z. B. Satzbau, Wortschatz, Wortwahl, Sprache, Tonfall, Lautstärke, Geschwindigkeit, Betonung	z. B. Körperhaltung/-sprache (Gestik), Gesichtsausdruck (Mimik), Blickkontakt, Vorbereitungsmerkmale (z. B. Notizen), Umfeld
Fallen dir noch weitere Aspekte oder Beispiele ein?	Fallen dir noch weitere Aspekte oder Beispiele ein?

Nicht immer stimmen die beiden Aspekte überein. Das heißt, der klar ausgesprochene Teil widerspricht dem unausgesprochenen, mitschwingenden Teil der Nachricht. Wir müssen darauf achten, dass beide Aspekte zusammenpassen! Wenn ich z. B. kerzengerade mit verschränkten Armen auf dem Sofa sitze, unsicher schaue und sage: „Ich bin ganz entspannt.", dann passen verbale und nonverbale Kommunikation nicht zusammen und das bemerkt mein Gegenüber sofort. Es liegt dann an ihr/ihm, es zu deuten und darauf einzugehen oder auch nicht.

Jede Nachricht, die wir senden, also alles, was wir sagen, hat verschiedene Botschaften und kann unterschiedlich gemeint und verstanden werden. Friedemann Schulz von Thun hat das treffend beschrieben: Alles, was wir an Nachrichten senden, hat vier Seiten, kann also in vier Richtungen gemeint sein. Auch beim Empfangen der Nachrichten können wir diese vier Seiten einer Nachricht erkennen und auf vier Ohren hören.

Sachebene
Übermittlung von sachlichen Informationen, worüber ich informieren will.

Appellebene
Der Empfänger soll durch den Appell veranlasst werden, bestimmte Dinge zu tun oder zu lassen, also das, wozu der Sender den Empfänger bringen will.

Selbstoffenbarungsebene
Information über die eigene Person, Selbstenthüllung, Persönliches, das, was der Sender von sich selbst in seiner Nachricht mitschwingen lässt.

Beziehungsebene
Informationen/Wertung über die Einschätzung der Beziehung zwischen Sender und Empfänger, also das, was der Sender vom Empfänger hält, wie sie zueinander stehen.

Es ist hilfreich und wichtig, dass wir die verschiedenen Seiten kennen, um die andere / den anderen besser zu verstehen, Missverständnissen vorzubeugen, uns selbst zu entlarven und bei Konflikten bewusst und souverän zu handeln. Das gilt für das Senden einer Nachricht genauso wie für das Empfangen. Du findest unten ein Beispiel und eine Aussage, zu der du selbst die Ebenen formulieren kannst.

Aussage: „Heute ist es echt kalt draußen."	„Es sind heute ja nicht sehr viele Kinder in der Jungschar."
Sachebene: Es ist kalt.	
Appellebene: Zieh dir bitte eine Jacke an!	
Beziehungsebene: Ich muss dir sagen, dass es kalt ist, du bist unselbstständig.	
Selbstoffenbarungsebene: Mir ist kalt.	

DAS MERK ICH MIR:

DATUM:

Ruth Cohn hat acht Regeln aufgestellt, wie Kommunikation gelingen kann:

1. Sei dein eigener „Chairman"! Höre auf deine eigene innere Stimme und sorge für dich und deine Bedürfnisse. Gebrauche deine Sinne, deinen Geist, dein Wissen, deine Verantwortung, dein Denkvermögen. Du bist in deiner Welt die wichtigste Person.

2. Störungen haben Vorrang! Unterbrich das Gespräch, wenn du nicht wirklich teilnehmen kannst, weil dich etwas ablenkt. Benenne die Störung und überlege, was getan werden muss, um gut weitermachen zu können. Seitengesprächen oder Störungen deuten darauf hin, dass die Gesprächsteilnehmenden entweder sehr stark oder gar nicht am Thema beteiligt sind. Das gilt es herauszufinden und zu klären.

3. Vertrete dich selbst in deinen Aussagen: Sprich per „ich" und verstecke dich nicht hinter „wir" oder „man"! Die verallgemeinernde Wendung „wir sind der Meinung" oder „man sollte" oder „alle finden, dass" sind fast immer persönliche Versteckspiele und bringen nichts. Trau dich, zu sagen, was du denkst.

4. Wenn du eine Frage stellst, dann sage, warum du fragst und was die Frage für dich bedeutet! Wenn Fragen mit persönlichen Aussagen verbunden werden, inspirieren sie zu weiteren Interaktionen. Wenn der Hintergrund deiner Frage klar wird, kann für den anderen ein Denkanstoß daraus werden und Missverständnisse werden geringer.

5. Sei authentisch in der Kommunikation! Hab Kontakt zu deinen eigenen Gedanken und Gefühlen und sei echt in deinem Verhalten! Sag nicht immer alles, was du denkst und fühlst, aber sei dir dessen bewusst.

6. Nur eine/einer zur gleichen Zeit bitte! Niemand kann mehr als einer Äußerung zur gleichen Zeit zuhören. Deshalb redet nur eine Person und die anderen hören zu.

7. Beachte Signale aus deinem Körper und achte auf solche Signale auch bei den anderen! Der eigene Körper signalisiert Zutrauen, Ablehnung, Freude oder Ärger sehr deutlich und in der Regel eher, als wir es aussprechen können. Achte auf diese Signale und überlege, was sie dir sagen können.

8. Verwende den Dreischritt: „Ich nehme wahr, dass ..." und „das bedeutet für mich ..." und „deshalb will ich ... (tun)"! Diese Regel hilft, Vorurteile oder zu schnelle Interpretationen zu vermeiden und Abwehr beim Gegenüber zu verhindern. Benutze den Dreischritt, um deine Beobachtung, deine Interpretation davon und dein daraus resultierendes Handeln zu beschreiben.

2.2 Feedback

Beim Feedback geht es nicht nur um das, was wir tun, sondern auch darum, wer wir sind und wie wir uns verhalten. Daher kann Feedback manchmal sehr persönlich werden und dann ist es umso schwieriger, es anzunehmen. Dabei begegnet dir Feedback ständig in deinem Alltag. In der Schule, bei einem Schulreferat. Zu Hause, wenn deine Eltern oder Geschwistern dir sagen, was du gut kannst und nicht so gut kannst. Oder von deinen Freundinnen und Freunden, die dir sagen, wie du bei anderen ankommst. Auch die Likes, die du für einen Post bekommst, sind eine Art Feedback, auch wenn das oft nicht wirklich aussagekräftig ist.
Weil Feedback eben sehr persönlich werden kann, ist es wichtig, dass man sich überlegt, wie man Feedback gibt, damit es für andere hilfreich und nicht verletzend wird.

Feedbackmethoden

Fünf-Finger-Methode

Gutes Feedback zeichnet sich u. a. dadurch aus, dass du deinem Gegenüber nicht nur negatives, sondern auch positives Feedback gibst. Die Fünf-Finger-Methode gibt dir eine Orientierung dafür und ist ganz leicht zu merken: Für jeden Finger gibt es eine Sache, die du deinem Gegenüber als Feedback sagen kannst.

Daumen
Das war super.

Zeigefinger
Darauf möchte ich hinweisen. Oder: Das wurde mir aufgezeigt.

Mittelfinger
Das hat mir gestunken.

Ringfinger
Das war wertvoll für mich.

Kleiner Finger
Das kam mir zu kurz.

Diese Feedback-Methoden helfen mir noch:

Tipps für gutes Feedback

1. Formuliere dein Feedback als Ich-Botschaft, um deutlich zu machen, dass es sich um deine persönliche Meinung und deinen Eindruck handelt.
2. Gib dein Feedback zeitnah zur Situation, auf die es sich bezieht, und beschreibe möglichst ein konkretes Beispiel.
3. Versuche immer, positives und negatives Feedback zu verbinden.
4. Überlege, ob der Zeitpunkt für eine Rückmeldung günstig ist. Im Zweifelsfall frag die Person, ob sie für ein Feedback von dir offen ist.
5. Nimm dir einen ruhigen Moment für dein Feedback. Wenn dich etwas sehr geärgert hat, versuche erst tief durchzuatmen und überlege, wie du dein Gegenüber so ansprichst, dass sie/er dein Feedback gut annehmen kann.
6. Überlege, ob dein Feedback für alle wichtig ist oder ob es eher in ein persönliches Gespräch gehört.
7. Gib deinem Gegenüber die Gelegenheit zurückzufragen, wenn sie/er etwas nicht verstanden hat.
8. Versuche, in deinem Feedback eine Beobachtung zu beschreiben und nicht das Verhalten der/des anderen zu bewerten.
9. Sag, was du dir alternativ von deinem Gegenüber für ein Verhalten wünschst.
10. Bleib mit deinem Feedback bei der Sache. Nutze die Gelegenheit nicht, um deinem Gegenüber alles zu sagen, was dich sonst noch an ihr/ihm stört.

2.3 Konflikte

Wo zwei oder mehr Menschen mit ihren unterschiedlichen Meinungen, Interessen und Ideen zusammenkommen, gibt es immer wieder Konflikte. Oft werden Konflikte mit negativen Gefühlen wie Wut und Ärger verbunden. Deshalb scheuen sie viele Menschen. Dabei sind Konflikte nicht grundsätzlich schlecht. Sie bieten uns Chancen für persönliches Wachstum, kreative Lösungen und Veränderungen der Situation.

Was ist ein Konflikt?

Das Wort Konflikt leitet sich vom lateinischen „conflictus“ ab und heißt übersetzt „Zusammenstoß“. Bei einem Konflikt stoßen also verschiedene Meinungen, Interessen, Sichtweisen etc. aufeinander.
Es gibt drei Konfliktarten, die zwischen mind. zwei Personen oder Gruppen bestehen.

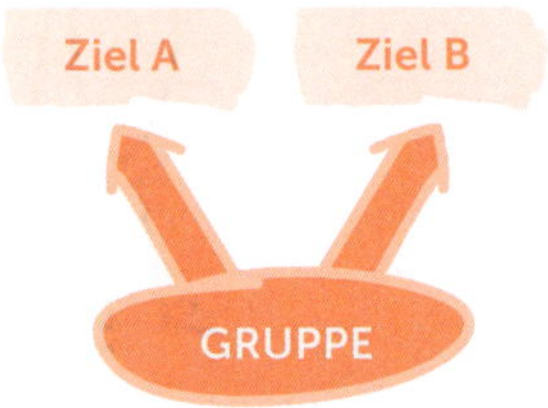

Es gibt unterschiedliche Zielvorstellungen.
Beispiel: Die eine Hälfte der Teilnehmenden will Fußball spielen, die anderen wollen lieber basteln.

Es gibt ein gemeinsames Ziel, aber unterschiedliche Ideen über den Weg dahin.
Beispiel: Um mehr Kinder in der Gruppe zu haben, will Jens Werbung machen und neue Kinder einladen. Lisa will dagegen erst das Programm der Gruppenstunde ändern, damit die Kinder wieder Spaß an der Gruppe haben.

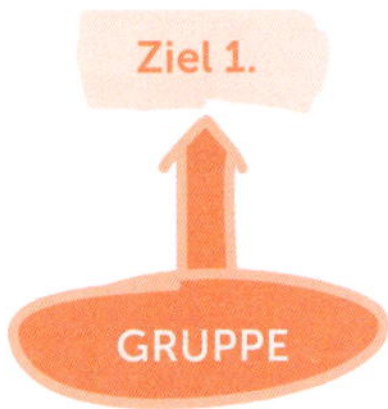

Es gibt ein Ziel, das nur von einer Partei erreicht werden kann.
Beispiel: Die Gruppe führt ein Theaterstück auf und drei Teilnehmende wollen die Hauptrolle spielen.

Konfliktsituationen analysieren

Um Konfliktsituationen genauer zu analysieren und Lösungen zu finden, können dir folgende Fragen helfen:

+ Welche Parteien sind am Konflikt beteiligt?
+ Was war der Auslöser für den Konflikt? Wer hat welches Interesse?
+ Wie ist der Konflikt verlaufen?
+ Gibt es bereits eine Lösung oder Lösungsvorschläge?
+ Welche Meinung habt ihr zu diesem Konflikt? Wie könnte eine Lösung aussehen?

Die fünf Konfliktstile

Jede/jeder hat eine individuelle Art, mit Konflikten umzugehen. Während die einen Konflikte grundsätzlich scheuen, suchen andere sie geradezu. Es ist hilfreich, sich selbst klarzumachen, zu welchem Stil man selbst tendiert. Ideal sind natürlich Lösungen, bei denen nicht nur eine Seite ihr Ziel erreicht (win-win Situation). Manchmal kann es sinnvoller sein nachzugeben, als mit großem Aufwand den Konflikt zu bearbeiten. Konflikte anzugehen und mit Kompromiss oder Kooperation zu lösen, kann man einüben.

Nachgeben / sich unterwerfen: Vor allem Menschen die besonders harmoniebedürftig sind, neigen dazu, ihre eigenen Interessen zurückzustellen, um einen Konflikt zu beenden. Dabei verzichten sie aber auf die Umsetzung ihrer eigenen Ziele und stauen evtl. Ärger an. Wer nachgibt, verliert den Konflikt: lose-win-Situation.

Flucht/Vermeidung: Dieser Lösungsansatz will den Konflikt gar nicht sehen und versucht ihn zu verdrängen, totzuschweigen oder sich der Konfliktsituation ganz zu entziehen. Wer sich dem Konflikt entzieht, verliert: lose-win-Situation.

Durchsetzen: Wenn sich eine Person durchsetzt, werden oft Drohungen und Machtgefälle benutzt, um das eigene Ziel zu erreichen (z. B. Eltern-Kind, Lehrer-Schüler). Die eigenen Interessen werden auf Kosten des Gegenübers erreicht: win-lose-Situation.

Kompromiss: Beim Kompromiss geben beide Konfliktparteien ein Stück ihres Zieles auf, so dass beide Seiten die Lösung akzeptieren können. Damit erreichen beide Seiten ein Teilziel, aber keine Seite erreicht ihr Ziel vollständig: win-win- oder lose-lose-Situation, je nach Sichtweise.

Kooperation / kreative Zusammenarbeit: Bei der Kooperation versuchen beide Konfliktparteien, ihre Bedürfnisse auszutauschen und kreative Lösungen zu finden, die beiden Seiten gerecht werden. Das ist sicher die schwierigste Art der Konfliktlösung, dafür gewinnen am Ende beide Seiten: win-win-Situation.

Sieben Tipps für Konfliktlösungen

1. **Konflikte zeitnah bearbeiten:** Je länger sich ein Konflikt aufbauen kann, desto heftiger wird er. Wenn Konflikte früh besprochen werden, besteht die größte Chance, sie mit einer win-win-Situation klären zu können.
2. **Ort und Zeitpunkt wählen:** Um Konflikte anzugehen, sollte man eine ruhige Atmosphäre ohne Störungen und genügend Zeit haben. Zeitdruck verhindert kreative Lösungsideen. Konflikte zwischen Einzelpersonen sollten nicht vor der Gruppe besprochen werden. Bei größeren Konflikten sollte man ein extra Treffen ausmachen.
3. **Moderation klären:** Wenn man selbst Teil des Konfliktes ist, kann es hilfreich sein, das Konfliktgespräch von einer neutralen Person moderieren zu lassen.
4. **Dem Konflikt auf den Grund gehen:** Beide Seiten dürfen ihre Sicht des Konflikts aussprechen, ohne dabei unterbrochen zu werden. Dabei sollte auf Ich-Botschaften geachtet werden (z. B.: „Ich fühle mich unwohl, wenn du heimlich mit anderen über mich redest." Anstatt: „Du lästerst immer über mich!"). Schuldzuweisungen helfen nicht weiter. Leitfrage: Was brauche ich, damit der Konflikt beendet werden kann?
5. **Lösungsmöglichkeiten suchen:** In diesem Schritt dürfen alle Ideen genannt werden, entscheidend ist, dass die Konfliktparteien kreativ werden. Erst im nächsten Schritt werden die Ideen bewertet.
6. **Ideen bewerten und eine Entscheidung treffen:** Nun werden die gesammelten Lösungsideen bewertet und auf ihre Umsetzbarkeit geprüft. Die Parteien einigen sich auf eine Lösung.
7. **Vereinbarung treffen:** Die Konfliktparteien einigen sich auf eine Lösung. Diese muss deutlich ausgesprochen, evtl. sogar aufgeschrieben werden. Alle Beteiligten müssen ihr freiwillig, klar und deutlich zustimmen.

DAS MERK ICH MIR:

DATUM:

2.4 Umgang mit spannungsvollen Situationen

Wenn du in spannungsvolle Situationen kommen solltest, kann es hilfreich sein, ein Werkzeug zur Hilfe zu nehmen. Das RAD eignet sich dafür sehr gut.

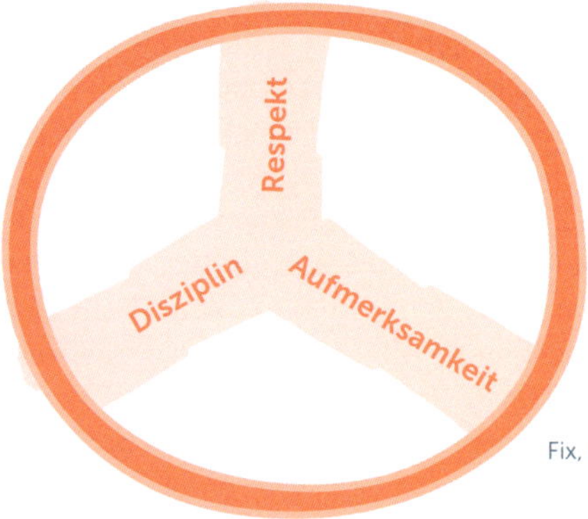

Quelle: AKADEMIE EiGEN-SiNN / Fix, Alexander nach Gall, Rainer / Brandt, Markus. Abdruck mit freundlicher Genehmigung.

Respekt: Respekt bedeutet, dass wir jede und jeden so achten, wie sie/er ist. Mit ihren/seinen Stärken, Schwächen, Eigenarten und Macken. Gleichzeitig gehen wir respektvoll mit unserer Umwelt, mit Materialien und Gegenständen um.

Aufmerksamkeit: Wir schenken einander Aufmerksamkeit. Wir hören, was die/der andere bei Geschichten, Erzählungen, persönlichen Dingen oder Spielerklärungen sagt.

Disziplin : Disziplin bedeutet das Üben und Trainieren von Respekt und Aufmerksamkeit. Als leitende Person muss man die Disziplin einfordern, damit eine Gruppe harmoniert. Dies bedeutet auch, die Teilnehmenden daran zu erinnern oder Aufmerksamkeit einzufordern.

Wichtig in allen spannungsvollen Situationen ist es, konsequent zu sein und den Teilnehmenden trotzdem mit Liebe und Wertschätzung zu begegnen.

Was kannst du in Konfliktsituationen konkret tun?

Fülle die Tabelle aus:

4 Stufen der nicht eskalierenden Beharrlichkeit[2]	Beispiel: Du willst ein Spiel erklären, alle Kinder sollen sich dazu hinsetzen. Alex setzt sich nicht, rennt herum und stört die Gruppe.
Sachverhalt abwertungsfrei benennen	
Ärger-Mitteilung	
Bedürfnisäußerung	
Wunschäußerung	

2 Vgl. Giesekus, Ulrich / Schmid, Sandra / Fix, Alexander: Bevor es kracht. Kids gegen Gewalt stark machen, SCM R. Brockhaus, Witten ^{2}2010 (antiquarisch erhältlich), S. 86-90; Rhode, Rudi / Meis, Mona Sabine / Bongartz, Ralf: Angriff ist die schlechteste Verteidigung. Der Weg zur kooperativen Konfliktbewältigung, Junfermann, Paderborn ^{3}2003 (antiquarisch erhältlich).

Platz für Notizen und Anmerkungen

„Das Trainee-Programm fordert mich heraus, meine persönliche Komfortzone zu verlassen und neue Schritte zu gehen. Ich konnte nicht nur neue Fähigkeiten an mir entdecken, sondern auch im Glauben wachsen."

MARKUS RÖCKER

TEIL 3

PERSONALE KOMPETENZ

Die Fähigkeit, deine Stärken und Schwächen zu kennen und auf gute Weise einzusetzen.

3.1 Ich sage „Ja“ – Motivation zur Mitarbeit

Warum möchtest du eine Mitarbeiterin / ein Mitarbeiter sein? Kreuze die für dich wichtigsten Gründe an oder ergänze deine eigenen Gründe.

- [ ] Weil ich gern mit Kindern oder Jugendlichen arbeite.
- [ ] Damit ich in meiner Freizeit etwas Sinnvolles tun kann.
- [ ] Um den Kindern den Glauben näherzubringen.
- [ ] Weil ich dadurch bestätigt werde.
- [ ] Weil ich anderen Menschen helfen will.
- [ ] Weil ich so einen guten Grund habe, von zu Hause wegzukommen.
- [ ] Weil ich an das Gute im Menschen glaube, das gefördert werden muss.
- [ ] Weil ich Verantwortung übernehmen will.
- [ ] Weil es mir eine Hilfe in der Berufswahl ist.
- [ ] Weil ich früher selbst Teilnehmerin/Teilnehmer in einer Gruppe war und es toll fand.
- [ ] Weil ich über andere bestimmen kann.
- [ ] Weil die Pfarrperson oder der Vorstand mich gebeten hat.
- [ ] Weil es einfach Spaß macht.
- [ ] Weil ich dabei eine Menge lernen kann.
- [ ] Weil ich entsprechende Begabungen habe.
- [ ]
- [ ]

DAS MERK ICH MIR:

DATUM:

Was trifft auf dich zu? Kreuze an!

Ich bin der Typ dafür, eine kontinuierliche, wöchentliche Gruppe zu leiten.	☐	☐	☐
Ich bin der Typ dafür, eher sporadisch bei Projekten mitzuhelfen.	☐	☐	☐
Ich möchte gern weiterhin in der Jugendarbeit aktiv sein (auch in anderen Vereinen oder in der Schule).	☐	☐	☐

Schon gewusst? Bei Motivation unterscheidet man zwischen intrinsischer Motivation (= von innen kommend; interessiert dich, findest du spannend oder besonders wertvoll) und extrinsischer Motivation (= von außen kommend, z. B. Belohnung oder Bestrafung).

Und du?

Beschreibe dich mit drei Worten:

Deine Motivation, um dich für andere zu engagieren:

Hast du schon eine Idee, wo oder für wen du dich engagieren möchtest?

3.2 Persönliche Stärken entdecken

Du bist gebraucht. Jede und jeder kann etwas anderes gut. Vielleicht hast du es schon entdeckt, vielleicht bist du noch am Experimentieren.

Die Schnittmenge deiner persönlichen Stärken, Begabungen und Leidenschaften ist dein Topspot. Das ist dein Wegweiser für den richtigen Einsatzort bzw. die richtigen Rahmenbedingungen für die Mitarbeit.

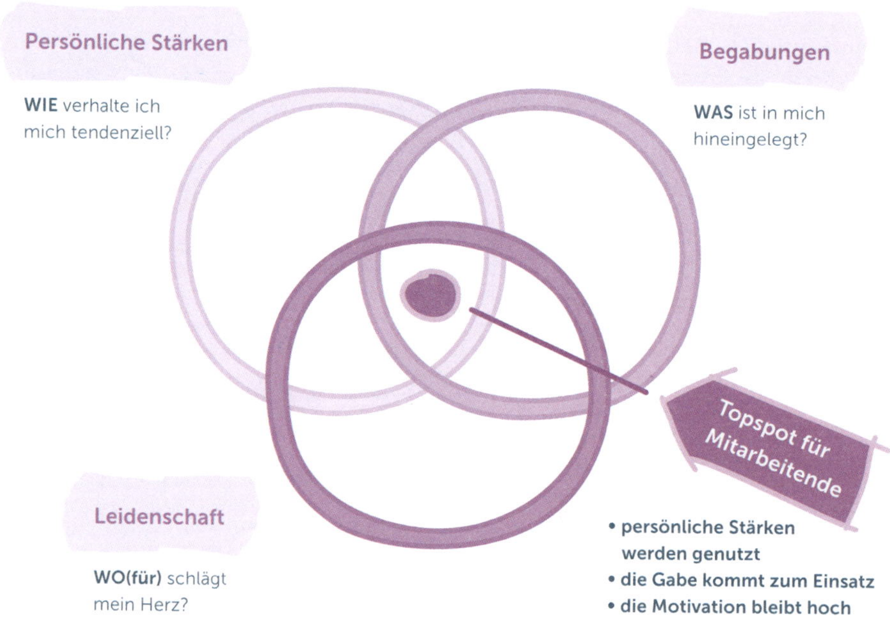

DAS MERK ICH MIR:

DATUM:

Überlege dir: Was sind deine persönlichen Stärken, Begabungen und Leidenschaften? Frag eine andere Person, wie sie dich sieht.

	Selbsteinschätzung	Fremdeinschätzung
Persönlichkeit: **WIE** bin ich?		
Begabungen: **WAS** ist in mich hineingelegt?		
Leidenschaft: **WO(für)** schlägt mein Herz?		

3.3 Selbst- und Zeitmanagement

DAS MERK ICH MIR:

DATUM:

„Wir haben genug Zeit, wenn wir sie nur richtig verwenden" (Johann Wolfgang von Goethe).

Und genau deshalb ist es unglaublich wichtig, unserem Leben jeden Tag eine Richtung zu geben – damit wir nicht planlos von Tag zu Tag leben, sondern einen Fokus und ein Ziel setzen.
Diese drei Fragen können dich dabei unterstützen, ein Ziel zu finden und deine Zeit sinnvoll einzusetzen:

+ **WILL ich das?** Was mache ich den ganzen Tag und warum mache ich das eigentlich?
+ **Will ICH das?** Wenn es niemanden gäbe, die/der mir etwas vorschreibt oder deren/dessen Erwartungen ich erfüllen muss, was würde ich dann machen?
+ **Will ich DAS?** Wo setze ich meine Prioritäten? Was ist mir besonders wichtig?

Warum ist Zeitplanung wichtig?

+ Du schaffst dir einen Überblick über Freiräume und kannst diese dann genießen oder mit Dingen füllen, die über das Dringliche des Tages hinausführen.
+ Du kannst bewusst Dinge absagen, wenn du wirklich keine Zeit hast und nicht nur aus einem Stressgefühl heraus.
+ Du machst dir Gedanken darüber, für was du deine Zeit einsetzen möchtest.
+ Du reduzierst Stress durch eine bessere Organisation.

Wenn das dein Tag ist, wie verbringst du deine Zeit? (Schule, Essen, Familie, Freundinnen/Freunde, Sport, Musik, Kunst, Trainee/Jugendarbeit, digitale Medien ...)

Hilfreiche Methoden für dein Zeitmanagement

Methode	Welche Erfahrungen hast du damit? Wo hast das schon einmal erlebt?
A.L.P.E.N.-Methode (nach Lothar Seiwert) Wenige Minuten pro Tag für schriftlichen Plan: • Aufgaben, Termine und Aktivitäten notieren • Länge schätzen • Pufferzeiten einplanen • Entscheidungen treffen • Nachkontrolle	
Pareto-Prinzip (80/20) In aller Regel gilt für jede Aktion: • 20% der Arbeit sorgen für 80% des Erfolgs. Die letzten 20% brauchen 80% Aufwand. Wie viel von den letzten 20% ist wirklich nötig? • Suche die wirklich wichtigen Aufgaben heraus und erledige sie! • Es können nicht alle unangenehmen Aufgaben an andere abgegeben werden. Was davon tust du selbst?	
Aufgabe aufteilen (VDN) Jede Aufgabe/Aktion hat diese drei Teile: • Vorbereitung • Durchführung • Nachbereitung	
Direkt-statt-später-Prinzip (DSS) • Dinge nicht auf die lange Bank schieben. • Eine Aufgabe gleich zu erledigen, spart Zeit, weil die Erinnerung noch frisch ist und weil eine Aufgabe nur einmal in die Hand genommen wird. • Aufgaben terminieren: Ist die Aufgabe dringend/wichtig? Packe ich sie gleich oder später an?	

Die wichtigste Grundregel ist: Priorisieren und Aufschreiben – und zur geeigneten Zeit bearbeiten. Dann bekommt man auch in gefüllten Zeiten den Kopf frei.
Die zwei einfachsten und hilfreichsten Gewohnheiten, Dinge gut und verlässlich geregelt zu bekommen, sind eine gute Kalenderführung und eine To-Do-Liste zu haben.

Platz für Notizen und Anmerkungen

„Jedes Jahr erlebe ich dieses Highlight: Der Moment, wenn unsere Trainees bei der Konfirmation vor 500 Menschen predigen und die Konfis segnen. God at work!"

MARKUS WEIMER, PFARRER UND TRAINEE-FAN

TEIL 4

THEOLOGISCHE KOMPETENZ

Die Fähigkeit, zu wissen, wie man Gott besser kennenlernt, mit ihm in Beziehung lebt und von ihm weitererzählen kann.

4.1 Glaubensentwicklung – Vorstellungen und Gottesbilder

DAS MERK ICH MIR:

DATUM:

Der Glaube an Gott ist stets in Bewegung. Wie ist diese Entwicklung zu beschreiben und wie verändern sich Vorstellungen von Gott im Kinder- und Jugendalter?

Frühe Kindheit (bis ca. 6 Jahre)

+ Ich ahne: Gott ist in etwa so, wie ich meine Eltern erlebe.
+ Ich traue Gott alles Gute zu, er kann alles.
+ „Ich vertraue / bin geborgen" im Gegensatz zu „Ich fühle mich verlassen".
+ Ich glaube: Gott erfüllt meine Wünsche.

Kindheit/Jungscharzeit (bis ca. 12 Jahre)

+ Manchmal ist Gott freundlich, manchmal böse.
+ Gott ist wie ein Mensch und doch ganz anders (wie im Märchen).
+ „Ich kann etwas (bewirken)" im Gegensatz zu „Ich kann nichts".
+ Gott beschützt mich, sieht aber auch alles Negative.

Jugendzeit (ab ca. 12 Jahre)

+ Gott ist wie eine gute Freundin / ein guter Freund und ein ideales Vorbild.
+ Gott ist irgendwie in jedem Menschen und in der Natur.
+ „Ich bin ich" im Gegensatz zu „Ich weiß nicht so recht, wer ich bin".
+ Bin ich wirklich frei? Und wie ist das dann mit Gott?

Wie war das bei dir? Erinnerst du dich noch?

4.2 Gott in deinem Leben entdecken

Ein guter Anfang, um Gott im eigenen Leben zu suchen, ist, mit deiner Sehnsucht nach Liebe, Bestätigung, Annahme, Herausforderung oder Lebenssinn anzufangen. Wenn du Gott suchst, dann gilt auch immer, dass er auch nach dir sucht. Er verspricht:

„Ihr werdet mich suchen und werdet mich finden. Denn wenn ihr mich von ganzem Herzen sucht, werde ich mich von euch finden lassen. Das sage ich, der Herr" (Jer 29,13 Gute Nachricht Bibel).

Wo kommst du her?

Male auf der nächsten Seite dein Leben als Flusslandschaft! Du kannst dich an folgenden Punkten orientieren:

+ Quelle = deine Geburt
+ Zuflüsse = Menschen, die dir wichtig wurden und dich geprägt haben
+ Inseln = Ruhepunkte in deinem Leben
+ Steine = schwierige Zeiten
+ Stromschnellen = Turbulenzen
+ Abzweigungen = Entscheidungen/Lebenswendungen

Weitere wichtige Highlights/Ereignisse kannst du am Ufer gestalten, z. B. durch:

+ Personen (Bank)
+ Menschen (Blumen)
+ Ortsschilder (Orte)
+ Blitze (Turbulenzen)

Diese Symbole könnten dir bei der Gestaltung helfen:

Zum Nachdenken, Entdeckungen machen und austauschen:

Wo hast du Gott schonmal besonders erlebt?

Welche Momente waren für deinen Glauben wichtig?

Welche haben eher Zweifel geweckt?

Wenn du an dein Leben heute denkst, wie erlebst du Gott jetzt gerade? Wo würdest du dir wünschen, ihn mehr zu erleben?

DAS MERK ICH MIR:

DATUM:

4.3 Sinn gesucht – Meine Beziehung zu Gott

Die Suche nach dem Sinn des Lebens ist für alle Menschen ein Thema. Die Bestimmung des Menschen ist eine ganz entscheidende Frage. Erst wenn ich meinem Leben eine Zielsetzung gebe, kann ich beurteilen, ob ich auf dem richtigen Weg bin oder nicht.

Alle Menschen fragen sich in ihrem Leben einmal: „Woher komme ich und wohin gehe ich?" Die Frage nach dem Sinn des Lebens und dem „Wozu das Ganze?" beschäftigt Menschen schon immer. Es ist gut, diese Fragen zu stellen, denn wer das Ziel nicht kennt, wird den Weg nicht finden.

Wenn du auf unsere Impulse und Gedanken von heute schaust, mach dir Stichworte zu folgenden Punkten:

Welche Gedanken waren richtig stark bzw. beeindruckend für dich?

Welche Gedanken waren sehr herausfordernd für dich?

Welche neue Entdeckung hast du gemacht?

Was hast du über den Sinn des Lebens erfahren?

Wenn du an dein Leben denkst und deine Sinnsuche – welche Stichworte fallen dir dazu ein?

DAS MERK ICH MIR:

DATUM:

Welche Rolle spielt dabei Gott für dich?

Welche Bedeutung haben andere Menschen dabei für dich?

Jesus sagt: „Du sollst den Herrn, deinen Gott, lieben von ganzem Herzen, von ganzer Seele und mit all deiner Kraft und deinem ganzen Gemüt, und deinen Nächsten wie dich selbst" (Lk 10,27 BasisBibel). Was hältst du von der Aussage?

Was ist für dich das Wichtigste im Leben? Wofür willst du bekannt sein?

Welche Bedeutung hat die Beziehung zu Gott für dich dabei?

Was ist dein nächster Schritt? Was willst du in deinem Leben konkret anpacken?

4.4 Sinn gesucht – Gott besser kennenlernen

Wie wäre es mit einer persönlichen Bibel-Lese-Challenge?

Wie lang:

Mit wem:

Diese Bibelstelle lesen wir:

Hier treffen wir uns:

An diesen Tagen und zu diesen Zeiten treffen wir uns:

Let's go, 30 Minuten gemeinsam Bibel-Lesen

Wahrnehmen

Bibelstelle lesen: Zunächst liest eine Person die Bibelstelle laut vor und die anderen hören zu. Nun liest eine zweite Person die Bibelstelle laut vor und die anderen lesen mit. Dann darf eine dritte Person die vorgelesene Bibelstelle in eigenen Worten zusammenfassen. Der Rest der Gruppe darf die Zusammenfassung ergänzen.

Reflektieren und besprechen

Hat irgendetwas an dieser Bibelstelle deine Aufmerksamkeit auf sich gelenkt?

Was gefällt dir an dieser Bibelstelle? Warum?

Was stört dich an dieser Bibelstelle? Warum?

Was erfährst du in dieser Bibelstelle über Gott?

Was erfährst du in dieser Bibelstelle über die Menschen?

Was sagt dir diese Bibelstelle darüber, wie du ein Leben führst, das Gott gefällt?

Planen und verbindlich werden

Wenn du davon ausgehst, dass Gottes Wort wahr ist, was musst du in deinem Leben ändern, um Gott zu gehorchen?

Was willst du deswegen von nun an anders machen?

Wenn du das in deinem Leben schon umsetzt, würdest du den anderen von deinen Erfahrungen erzählen?

Überleg dir jemanden außerhalb dieser Gruppe, die/der erfahren muss, was Gott eurer Gruppe heute erzählt hat.

4.5 Preach it! – Einprägsam verkündigen

Warum verkündigen wir?

Als Christinnen und Christen ist uns die Verkündigung von Jesus Christus ein zentrales Anliegen. Daher hab Mut, über deinen eigenen Glauben zu reden.

Andachten sind eine Form der Verkündigungen. Eine Andacht soll kurz und knackig sein (zwischen 3 und 15 Minuten lang). Sie soll bei der Zuhörerin / beim Zuhörer einen Gedanken anstoßen und zum Nachdenken über Jesus und den Glauben anregen. Dabei ist es gut, wenn du dich bei einer Andacht mit einem Gedanken oder Bibeltext beschäftigst, der dir selbst wichtig ist bzw. wichtig geworden ist.

Vorbereitung zur Andacht

Im Normalfall liegt einer Andacht ein Bibeltext oder ein Bibelvers zugrunde. Du solltest dir also zuerst den Bibeltext anschauen, bevor du mit der eigentlichen Andacht beginnst. Bewährt hat sich hier der sogenannte POZEK-Schlüssel.
Probier es aus: Übertrage die Punkte des POZEK-Schlüssels auf deine eigene Andacht:

Der POZEK-Schlüssel	Deine Andacht
Personen: Welche Personen kommen in der Geschichte vor? Was für eine Rolle spielen sie? Was weißt du über sie?	
Ort: An welchem Ort fand die Geschichte statt? Was weißt du über den Ort? Ist er wichtig für die Geschichte?	
Zeit: Zu welcher Tageszeit spielt die Geschichte? Hat die Tageszeit eine Bedeutung? Zeit kann aber auch bedeuten: In welcher Epoche spielt die Geschichte, also was waren die gesellschaftlichen oder politischen Begebenheiten zu der Zeit?	
Ereignis: Um was geht es in der Geschichte? Was passiert da?	
Kern: Was ist die Kernaussage des Textes in einem Satz?	

Wenn du die Geschichte soweit durchleuchtet und deine Kernaussage gefunden hast, geht es weiter zur eigentlichen Andacht.

Entwicklung einer Andacht

Vier Schritte helfen dir, eine Andacht zu schreiben:

1. **Beten:** In einer Andacht reden wir von Gottes Wort. Da schadet es nicht, um seine Unterstützung während der Vorbereitung zu bitten.
2. **Kernaussage:** Notiere zuerst noch einmal deine Kernaussage (nicht mehrere!), die du den Zuhörenden weitergeben möchtest. Vielleicht ist das ja auch eine Aussage die dich persönlich angesprochen hat.
3. **Die Zuhörenden:** Überlege dann: Wer sind meine Zuhörerinnen und Zuhörer (Kinder, Jugendliche, Erwachsene)? Stelle sie dir mithilfe folgender Fragen vor: Welche Themen und Fragen, die im Bibeltext vorkommen, könnten für das Leben der Zuhörenden gerade aktuell sein? Was werden sie evtl. schwer verstehen? Was wissen sie schon?
4. **Methoden:** Überlege dir, was den Zuhörenden helfen könnte, die Geschichte besser zu verstehen. Kann dir z. B. ein Gegenstand, eine Filmszene, ein Lied oder ein Bild helfen, der/das in der Geschichte vorkommt oder etwas mit dem Thema zu tun hat? Es gibt noch unzählig viele Methoden, die dein gesprochenes Wort unterstützen können. Überleg dir was! Werde kreativ!

Aufschreiben: Jetzt musst du die vier Punkte nur noch zusammenbringen und die Andacht aufschreiben, damit du sie halten kannst. Wenn du dir unsicher bist, such dir zunächst eine Peron deines Vertrauens und lass sie entweder die Andacht lesen oder erzähl sie der Person. Ihr Feedback gibt dir dann Sicherheit.
Vorbereitung: Nimm dir Zeit für die Vorbereitung, sonst erzählst du vielleicht immer wieder deinen Lieblingsgedanken, der dich dann auch nach einiger Zeit nicht mehr wirklich begeistert. Aber für den Anfang kannst du gern mit deinem Lieblingsgedanken loslegen.

DAS MERK ICH MIR:

DATUM:

Grundsätzlich gilt: Sag den anderen das, was du vom Glauben verstanden hast und was dir wichtig (geworden) ist. Sprich auch offen über deine Fragen und Zweifel.

Platz für Notizen und Anmerkungen

„Have a plan and be flexible:
Gut vorbereitet zu sein und flexibel zu bleiben für das, was in der Situation wirklich wichtig ist, ist für mich gute Organisation."

CHRISTOPH SCHNEIDER

TEIL 5

ORGANISATORISCHE KOMPETENZ

Die Fähigkeit, etwas zu planen und umzusetzen.

5.1 Programmplanung für Gruppen

Rahmenbedingungen

Zielgruppe: Sie ist wichtig, um den Inhalt der Gruppenstunde richtig planen zu können. Nicht alle Spiele und Themen funktionieren mit jeder Zielgruppe. Manches überfordert und manches unterfordert.

Räumliche Möglichkeiten: Habt ihr für das geplante Programm überhaupt den Platz? Manchmal lohnt es sich, für „Specials" einen Raum extra anzufragen.

Ziele: Was will ich mit meiner Gruppe? Hat meine Gruppenstunde einen Schwerpunkt? Welche Inhalte will ich anbieten? (Basteln, Spiele, Andacht, Singen ...). Ziele sind deswegen wichtig, damit man nicht aus den Augen verliert, warum man etwas tut. Das gibt der Gruppe einen Sinn und das merken auch die Teilnehmenden auf lange Sicht.

Kommunikation im Team

Über folgende Fragen muss man als Team unbedingt nachdenken:

+ Wie oft treffen wir uns zum Planen?
+ Über welche Medien kommunizieren wir?
+ Wer ist für welchen Teil verantwortlich?
+ Was verstehen wir unter Verantwortung?
+ Wie halten wir das Geplante fest?
+ Welche Infos brauchen die Eltern von uns?
+ Wollen wir uns ab und an auch mal so treffen, um als Team zusammenzuwachsen?

Was benötigen wir für eine gute Planung?

+ **Arbeitshilfen:** Bei www.jugendarbeit.online gibt es viele Arbeitshilfen, die man digital abrufen kann. Der Verlag buch+musik hat außerdem viele tolle Praxismaterialien für deine Jugendarbeit: www.praxisverlag-bm.de
+ **Material:** Wo bekommen wir spezielles Material her?
+ **Deinen eigenen Kalender mit Schulferien**.
+ **Dokument zum Festhalten:** Wie kannst du das Geplante am besten festhalten? Dafür gibt es verschiedene Apps oder Clouds, mit denen Dokumente und To-do-Listen für alle einsehbar sind und bearbeitet werden können.

DAS MERK ICH MIR:

DATUM:

Checkliste zur Programmplanung

- ☐ Termine filtern
- ☐ An welchen Terminen brauchen wir Programm?
- ☐ Highlights festsetzen (Ausflüge; Veranstaltungen, an denen die Gruppe teilnimmt)
- ☐ Schulferien beachten
- ☐ Feste im Kirchenjahr beachten
- ☐ Jahreszeiten beachten
- ☐ Termine in Gemeinde, Jugendwerk/CVJM und Vereinen beachten
- ☐ Ressourcen checken
- ☐ Was ist schon da? Womit kann man arbeiten? (vergangenes Programm, Material ...)
- ☐ Budget? Welche finanziellen Möglichkeiten gibt es? Was können wir realisieren? Müssen die Teilnehmenden einen Zuschuss leisten?
- ☐ Möglichkeiten der Räume und der Umgebung
- ☐ Jahresprogramm planen
- ☐ Ideen aus Arbeitshilfen oder eigene Ideen: Nun kann der Kalender mit den Inhalten, die ihr euch zum Ziel gesetzt habt, gefüllt werden. Dazu könnt ihr euch eigene Ideen überlegen oder Arbeitshilfen zur Hand nehmen.
- ☐ Besondere Aktionen rechtzeitig ankündigen: Eltern informieren über Ausflüge und Material, das die Teilnehmenden dabei haben müssen.

Gruppenstunde planen

+ Ein roter Faden, der sich durchs Programm zieht, hilft, die Gruppenstunden spannend zu halten. So kann sich ein Thema z. B. auch über mehrere Gruppenstunden ziehen.
+ Soll ein fortlaufendes Thema behandelt werden? Gibt es dazu passende Spiele oder Kreativangebote?
+ Anfangs- oder Schlussrituale helfen, einen schönen Rahmen für die Gruppe zu schaffen. So wissen die Teilnehmenden, wann die Stunde anfängt und endet.
+ Es hilft, den Ablauf ähnlich zu halten, das schafft Sicherheit bei den Teilnehmenden, z. B. die Andacht bzw. Geschichte immer zum Schluss zu machen.

5.2 Projekte erfolgreich planen und umsetzen

Beim Projektmanagement teilt man die Zeit von der ersten Idee bis zur Umsetzung in mehrere Schritte auf. Es ist wichtig, strukturiert zu planen, um ein erfolgreiches Programm auf die Beine zu stellen.

Schritt 1: Ziele

Bevor du anfängst, deine Veranstaltung, dein Projekt oder dein Programm zu planen, musst du zunächst dein Ziel klar formulieren. Dabei können dir die SMART-Kriterien weiterhelfen:

S – Ziele sind spezifisch: Was genau willst du erreichen? Ist das Ziel allen klar?

M – Ziele sind messbar: Kannst du auf dem Weg deiner Planung feststellen, ob du noch auf dem richtigen Weg bist? Kann das Ergebnis überprüft werden?

A – Ziele sind attraktiv: Ist dein Ziel positiv formuliert? Motiviert es dich, weiterzumachen?

R – Ziele sind realistisch: Ist dein Ziel erreichbar? Hast du die nötigen Mittel, um meinen Plan umzusetzen?

T – Ziele sind terminierbar: Bis wann willst du dein Ziel erreichen? Gibt es einen festen Endzeitpunkt?

Schritt 2: Ideenfindung

Wenn du dein Ziel klar vor Augen hast, kannst du mit der Ideenfindung beginnen. Mit welchem Programm setzt du dein Ziel am besten um?

Schritt 3: Planung

Wie sieht der Zeitrahmen aus? Was muss wann erledigt werden? Wie sieht dein Programm aus? Gibt es Musik, etwas zu Essen, Dekoration? Wen musst du einladen? Bei größeren Veranstaltungen ist es sinnvoll, sich in Zuständigkeiten aufzuteilen.

Schritt 4: Organisieren

Jetzt wird die Planung umgesetzt. Sind alle Mitarbeitenden und Teilnehmenden angefragt worden? Hast du schon Werbung gemacht und die Finanzierung geklärt?

Schritt 5: Durchführung

Hast du den Zeitplan im Auge? Zeig Motivation und behalte den Überblick. Vergiss nicht, die Durchführung mit Film und Fotos zu dokumentieren. (Achtung: An die Fotoerlaubnis der Erziehungsberechtigten denken!)

Schritt 6: Auswertung

Es ist sehr wichtig, dein Programm auszuwerten. Was ist gut gelungen? Was hätte man verbessern können? Ist es gelungen, das gesetzte Ziel zu erreichen? Halte das gesammelte Feedback schriftlich fest! Je nach Veranstaltung kannst du deinen Erfolg auch mit der Öffentlichkeit teilen.

Checkliste Veranstaltungsplanung

- ☐ Was ist das Ziel?
- ☐ Wer hat die Leitung der Veranstaltung?
- ☐ Wer ist die Zielgruppe?
- ☐ Wie kann das Programm finanziert werden?
- ☐ Wann wird das Programm durchgeführt?
- ☐ Wo findet das Programm statt?
- ☐ Wer wird eingeladen?
- ☐ Gibt es Musik, etwas zu Essen, Dekoration?
- ☐ Wie sieht das Programm aus (gibt es Spiele, Rednerin/Redner, Kleingruppen?)
- ☐ Wie wird für das Programm geworben?
- ☐ Wer muss über das Programm informiert werden?
- ☐ Wer bereitet was vor?

Projekt:

Projektablaufplan

Nr.	Arbeitsschritt	zuständig	Beginn	Ende	Kalenderwoche						

5.3 Mein Praxis-Projekt

Jetzt bist du dran: Gestalte dein eigenes Projekt und setze all das Gelernte dort um. Bring dich ein und tu etwas für andere. Los gehts!

Idee:	
Zielgruppe:	
Ziel:	
Projektleitung:	
Protokollantin/Protokollant:	
To Dos:	
Vorbereitungsteams:	
Weitere Eckdaten:	Ort: Termin: Finanzen: Genehmigungen:
To Dos bis zum nächsten Treffen:	

5.4 Veranstaltungs-ABC – Letzte Tipps für dein Projekt

A	**Alternativen überlegen**	• Was ist der Schlecht-Wetter-Plan? • Was machen wir, wenn viel mehr/weniger Teilnehmende kommen als erwartet?
B	**Begrüßung**	• Wie, mit was, durch wen? • Entscheidend für den Wohlfühl-Faktor eurer Teilnehmenden!
D	**Dankesfest/ -geschenke**	• Steht der Termin fürs Dankesfest bzw. sind Geschenke für die da, die euch unterstützen?
E	**Erste-Hilfe-Verantwortliche**	• Jemanden festlegen, die/der sich darum kümmert, dass der Erste-Hilfe-Koffer da ist und der Ansprechperson bei Notfällen ist. Je größer die Veranstaltung, desto mehr Erfahrung sollte die Person haben.
F	**Finanzplan erstellen**	• Einnahmen/Ausgaben planen. • Zuschüsse beantragen.
G	**Geld**	• Wechselgeld organisieren. • Schriftliche Abrechnung zeitnah machen.
H	**Hygiene**	• Infektionsschutzgesetz beachten. • Hände waschen, Schmuck ablegen, Wunden abdecken. • Nicht mithelfen, wenn du krank bist.
J	**Jugendschutz einhalten**	• Erwachsenen in der Hinterhand haben, die/der im Notfall einschreiten kann.
K	**Klares Erscheinungsbild**	• Nutzt Logos, damit Teilnehmende erkennen, wer der Veranstalter ist. • Lasst eure Flyer vor dem Druck von Verantwortlichen überprüfen.
M	**Material**	• Woher bekommt ihr Material? • Tipp: Euer örtliches EJW oder der Kreisjugendring haben bestimmt tolle Angebote.

Ö	**Öffentlichkeitsarbeit**	• Jemanden festlegen, die/der Fotos und Videos macht und einen Pressebericht schreibt.
R	**Reflexion**	• Wann und wie nimmst du dir Zeit für einen Rückblick oder eine Auswertung? • Welche Reflexionsmethoden kennst du bzw. willst du für deinen Rückblick / deine Auswertung nutzen?
S	**Springerin/ Springer**	• Jemanden mit Führerschein und Auto haben, der an dem Tag schnell etwas besorgen kann, wenn etwas fehlt.
U	**Urheberrecht beachten!**	• Anmeldung bei Gema, Filmlizenz, Kopien ...
V	**Verabschiedung**	• Rundet die Veranstaltung ab.
W	**Wissen**	• Wissen alle Bescheid, wann Aufbau und Abbau sind, wann ihre Schichten sind ...?

5.5 Werbung und Öffentlichkeitsarbeit

Wenn du eine Veranstaltung vorbereitest, möchtest du natürlich, dass möglichst viele Menschen kommen. Entweder kannst du die Teilnehmenden im Vorfeld darauf aufmerksam machen oder im Nachhinein durch eine gute Berichterstattung für die nächste Veranstaltung werben. Je nach Veranstaltungen kommen unterschiedliche Werbestrategien infrage, bei deren Planung du dir diese vier Fragen stellen kannst:

1. Was? Welche Informationen braucht deine Zielgruppe? Welche Zahlen, Daten, Fakten möchtest du über die Veranstaltung kommunizieren? Gibt es gute Fotos, die du teilen kannst und die das Anliegen visualisieren?

2. Wer? Wen willst du erreichen? Wer ist deine Zielgruppe? Wer könnte darüber hinaus sinnvoll sein zu informieren, z. B. Gremien oder Multiplikatorinnen und Multiplikatoren für dein Anliegen?

3. Wie? Wie kannst du deine Zielgruppe am besten informieren? Auf welchen Kanälen kommunizierst du? Text, Flyer, Video, Plakat, Zeitungsartikel, Email ...

4. Wann und wie oft? Wann startest du mit deiner Werbung? Und wann endet diese? In welcher Häufigkeit und Regelmäßigkeit willst du deine Zielgruppe auf dein Angebot hinweisen?

Möglichkeiten der Werbung

Analog

+ Handzettel, Flyer, Briefe
+ Plakate, Infos für Schaukästen
+ Anzeigen für das lokale Mitteilungsblatt
+ Pressemitteilung an die Zeitung
+
+
+
+

Digital

+ Homepage
+ Soziale Netzwerke
+ persönliche Nachrichten über Messenger oder Email
+ Video-Trailer
+
+
+

Zielgruppe – das A und O

Bevor du deine Teilnehmenden erreichen kannst, musst du erst einmal wissen, wer diese Menschen überhaupt sind. Dazu helfen die folgenden drei Merkmale:

Demographische Merkmale
(Alter, Geschlecht, Wohnort ...)

Sozioökonomische Merkmale
(Bildungsstand, besuchte Schulform, Beruf, Einkommen ...)

Psychographische Merkmale
(Meinung, persönliche Werte, Wünsche, Motivation, Lebenstil ...)

Hilfreiche Tools für deine Werbung und Öffentlichkeitsarbeit

Bild- und Videodatenbanken

+ www.pixabay.com (kostenfrei und keine Urhebernennung nötig)
+ www.pixelio.de (kostenfrei, Urhebernennung nötig)
+ www.stock.adobe.com (nicht kostenfrei, jedoch die ersten zehn Bilder gratis)
+ www.shutterstock.com (nicht kostenfrei, große Auswahl an Bildern, Videos und Musik)

DAS MERK ICH MIR:

DATUM:

Fontsammlungen

+ www.fontsquirrel.com (kostenfrei, auch für gewerbliche Nutzung)
+ www.dafont.com/de (die meisten Schriften sind kostenfrei, immer rechts hinter der Schriftart schauen, um was für eine Lizenz es sich handelt)

Apps

+ www.canva.com (teilweise kostenfrei, sehr gut für Vereine, die sich keine Lizenzen für Grafikprogramme leisten können oder wollen, sehr einfach zu bedienen, Bild- und Layoutdatenbank schon integriert, Vorlagen speichern, verwalten, als pdf exportieren und mit anderen teilen)

Lizenzbestimmungen können sich ändern. Bitte prüfe vor der Verwendung immer, ob die oben genannten Angaben noch aktuell sind.

5.6 Aufsichtspflicht

Weshalb ist die Aufsichtspflicht so wichtig?

Erziehungsberechtigte übertragen die gesetzliche Aufsichtspflicht dem Träger bzw. der Gruppenleitung, welche/welcher dann die vertragliche Aufsichtspflicht erhält. Bei der Aufsichtspflicht geht es also erstens um den Schutz der/des Aufsichtsbedürftigen und zweitens um den Schutz der Allgemeinheit.

Auf einen Satz!

Aufsichtspflicht bedeutet nicht: lückenlose Überwachung; aber auch nicht: Es wird schon gut gehen!

Das ist wichtig!

Kinder machen manchmal Blödsinn, das lässt sich nicht verhindern. Eine Gruppe von Kindern entwickelt manchmal eine richtige Eigendynamik. Die Folgen des eigenen Handelns können Kinder meist noch nicht vollständig abschätzen. Aufsichtspflichtige haben dafür zu sorgen, dass sowohl den Aufsichtsbedürftigen kein Schaden passiert als auch sonstige Dritte keinen Schaden durch die Aufsichtsbedürftigen erleiden. Wichtige, von der Rechtsprechung herangezogene Faktoren sind: Die individuellen Eigenschaften der Aufsichtsbedürftigen und die sogenannte „Schadensgeneigtheit" des Umfeldes bzw. der Situation.

Heißt konkret: Alter, Anzahl, geistige Reife, etwaige Besonderheiten wie Verhaltensmerkmale sind genauso zu berücksichtigen wie die Situation als solche (Stolperfallen beim Geländespiel, Wasser, Fensterscheiben beim Fußball, Steine in der Nähe von Autos zusammen mit schlecht einsehbaren Stellen usw.). Aufsichtspflicht bedeutet aktives Tun von den Aufsichtspflichtigen: „Augen auf, Ohren auf, Gehirn an!"

Tipp

Menschliches Zusammensein erfordert Regeln, jedes Spiel hat Regeln. Daher sollten auch bei Aktionen Regeln bzw. Hinweise festgelegt werden und die Teilnehmenden darauf hingewiesen werden. Dabei den „magischen 4-Schritt" beachten:

+ Regeln aufstellen
+ Regeleinhaltung kontrollieren
+ Regeln ggf. wiederholen und/oder anpassen
+ Konsequenzen bei Regelverstößen

Aufsichtspflicht bei Krankheiten

Auf einen Satz!

Krankheiten bei Teilnehmenden erfordern besonderes Abwägen durch die Aufsichtspflichtigen.

Das ist wichtig!

Aufsichtspflichtige sind v. a. auf Freizeiten mitunter im Zwiespalt: Einerseits will man nicht wegen jedem „Kinkerlitzchen" zum Arzt rennen, andererseits möchte man auch alles richtig machen. Grundsätzlich gilt: lieber einmal mehr zum Arzt als zu wenig! Die Aufsichtspflichtigen haben dafür Sorge zu tragen, dass die Medikamente, die Teilnehmende ärztlich verordnet bekommen oder von zu Hause mitbekommen haben, auch regelmäßig eingenommen werden. Umgekehrt haben sie aber auch zu verhindern, dass (insbesondere verschreibungspflichtige) Medikamente (auch Schmerztabletten) unter den Teilnehmenden geteilt werden. Insbesondere Notfallmedikamente (z. B. bei Allergien, Asthma usw.) müssen immer gut zugänglich sein und für alle leicht auffindbar aufbewahrt werden! Mitarbeitende dürfen keinesfalls Medikamente verabreichen, die nicht ärztlich verordnet sind (z. B. weil sie bei ihnen selbst ja auch immer super wirken und sie sie deshalb selbst dabeihaben). Je älter Teilnehmende sind, desto mehr können sich Aufsichtspflichtige auf deren Wahrnehmungen und Äußerungen verlassen und diese berücksichtigen. Je jünger Teilnehmende sind, desto vorsichtiger sind deren Angaben zu Unwohlsein, Schmerzen usw. zu behandeln und ärztlich abzusichern.

Tipps

+ Verantwortlichkeiten im Team klären!
+ Notfallnummern griffbereit haben!
+ Bei Unklarheiten auf Anmeldebögen keine falsche Scheu haben und bei den Eltern nachfragen: Was bedeutet das genau? Wie können wir unterstützen? Wie ist das Medikament zu geben und wo finden wir es in der Tasche?
+ Sensibler Umgang mit den Teilnehmenden: keine Stigmatisierung oder Opferrolle, aber auch kein Bloßstellen durch unbedachte Äußerungen. Dennoch: Gesundheit hat immer Vorrang

Neben der Aufsichtspflicht haben wir noch von folgenden weiteren Rechtsfragen gehört:

DAS MERK ICH MIR:

DATUM:

Rechtsfragen praktisch

Diskutiert die folgenden Fallbeispiele mit dem Wissen aus der Trainee-Stunde:

Fall 1: Janis und Jens beschließen, auf den Abenteuerspielplatz am Ortsrand mit ihren Jungs zu gehen. Er liegt ein wenig abseits, nur an einer Seite grenzt er an einen Firmenparkplatz, wo allerdings ein Zaun installiert ist. Am Spielplatz angekommen weisen Janis und Jens die Kids nochmals darauf hin, dass sie vorsichtig sein sollen, und sagen ihnen, wo die Kinder ihre Gruppenleiter finden. Zwei Wochen später erfahren Janis und Jens, dass der von der an den Spielplatz angrenzenden Firma beauftragte Rechtsanwalt die Kirchengemeinde zur Stellungnahme aufgefordert hat, wer an diesem Tag mit den Kindern unterwegs war. Denn am Ende des besagten Tages wiesen plötzlich ein halbes Dutzend Fahrzeuge, die in der Nähe des Zauns zum Spielplatz hin abgestellt waren, „Steinschläge" auf und mussten aufwendig repariert werden.

Fall 2: Die beiden Gruppenleitenden Gina und Gabriel hatten sich mal wieder kreativ richtig für ihre Jungscharkinder ins Zeug gelegt. Gemeinsam haben sie einen kleinen Kurzfilm produziert. Mit schnellen Kameraschwenks sind die Kinder beim Toben richtig gut in Szene gesetzt. Und immer wieder lassen sie sich die Kinder vor der Kamera kurz vorstellen. Das Ganze hinterlegen sie mit coolen Liedern aus den aktuellen Charts und Filmmusik. Gabriel lädt das fertige Video noch am selben Abend auf sein Profil im sozialen Netzwerk hoch. Es dauert nicht lange, da erhält er einen Anruf besorgter Eltern, die sich wundern, dass ihre Kinder auf solch einem Film zu sehen sind und sie nichts davon wissen.

Platz für Notizen und Anmerkungen

„Du entscheidest jeden Tag neu,
ob du Teil einer Generation
der Hoffnung sein möchtest.
Diese Welt braucht dich!
Nimm die Herausforderung an!"

MARKUS WEIMER, PFARRER UND TRAINEE-FAN

TEIL 6

ONE DAY OR DAY ONE – YOU DECIDE!

6.1 Mein Trainee-Praktikum

Hier mache ich mein Trainee-Praktikum:

Das will ich auf jeden Fall ausprobieren:

Ich habe mein Praktikum gemacht am:

Das hat mir total Spaß gemacht:

Das hat mir gar keinen Spaß gemacht:

Wenn ich jemals in diesem Bereich fest mitarbeite, würde ich folgendes anders machen:

Das nehme ich mit aus der Praktikumszeit:

6.2 Erste-Hilfe-Kurs

Anderen Menschen zu helfen, sollte selbstverständlich sein, vor allem, wenn sie in Not sind. Damit du für solche Notfälle mit allen wichtigen Grundkenntnissen ausgestattet bist, ist es super wichtig, einen Erste-Hilfe-Kurs zu besuchen. Dort lernst du, wie du in schwierigen Situationen richtig und sinnvoll handeln kannst. Auf dieser Seite kannst du dir Notizen dazu machen.

6.3 Prävention vor sexualisierter Gewalt

Jedes Kind und jede/jeder Jugendliche hat das Recht, in Freiheit und geschützt vor jeglicher Form von Gewalt aufzuwachsen. Dass dies leider nicht immer der Fall ist, zeigt uns, dass Prävention vor (sexualisierter) Gewalt sehr wichtig ist. Als Mitarbeiterinnen und Mitarbeiter wollen wir mit Kindern und Jugendlichen über ihre Rechte reden, sie sensibilisieren für das Thema und sie ermutigen, sich zu wehren, wenn jemand etwas tut, was ihnen schadet. Und wir wollen vertrauensvoll und helfend begleiten, wenn ihnen Leid angetan wurde – deshalb schauen wir nicht weg, wenn wir erleben, dass sie Übergriffen ausgesetzt sind, und greifen ein, wenn Grenzüberschreitungen geschehen.

Die meisten Jugendverbände haben ein Konzept zum Schutz vor (sexualisierter) Gewalt. Du kannst dir auf diesen Seiten Notizen dazu machen.

Platz für Notizen und Anmerkungen

Materialempfehlungen

Hier findest du Materialempfehlungen von uns für deine Praxis:

www.jugendarbeit.online: Der christliche Materialpool für die Arbeit mit Kindern und Jugendlichen. Die Kosten dafür übernimmt in der Regel deine Kirchengemeinde/Organisation.

TheoLab macht Theologie alltagsrelevant, vermittelt theologische Hintergründe und hilft sprachfähig zu werden. Je drei große Fragen zu den drei Themen Gott, Mensch und Welt (Band 1), Jesus, Himmel und Mission (Band 2) und Geist, Bibel und Kirche (Band 3) werden kompakt und gut verständlich von verschiedenen Standpunkten aus beleuchtet.

Swipe to Salvation?!: Eine Inspiration für alle, die in der digitalen Welt Potenzial für die christliche Jugendarbeit sehen. Im Fokus steht die Entwicklung einer Haltung und Strategie.

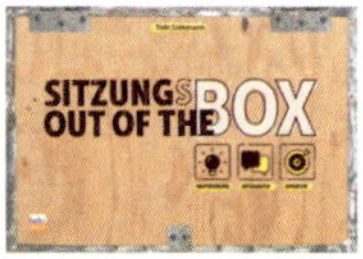

Sitzungsbox – Sitzung out of the Box:
Mit diesem Tool werden Präsenz- und Online-Sitzungen inspirierend, interaktiv, effektiv.

Beziehungsweise, Freizeitweise, Lebensweise und Zweierweise:
Die Journale und Workbooks fördern Beziehungen: zu sich selbst, zu anderen, zu Gott. Persönlich, in Zweierschaft und Jüngerschaft, auf Freizeiten. Grundlagen kombiniert mit praktischen Übungen.

Alle Materialien und viele weitere findest du unter www.praxisverlag-bm.de/praxis.

Die Autoren

Markus Röcker, Jahrgang 1976, ist mit Sonja verheiratet und lebt bei Bietigheim-Bissingen. Er ist Landesjugendreferent im Ev. Jugendwerk in Württemberg und dort zuständig für die geschlechtsspezifische Arbeit mit Jungen und das Projekt „Ehrenamt stärken". Mit dem Trainee-Programm verbindet er seit vielen Jahren positive Erfahrungen mit der Vielfältigkeit der Möglichkeiten, die Trainee für die Persönlichkeits- und Glaubensentwicklung von Jugendlichen bietet.

Christoph Schneider, Jahrgang 1982, ist verheiratet, hat drei Kinder und lebt in Calw. Er liebt es, nah bei Gott und nah bei den Menschen zu sein. Zurzeit ist er Landesjugendreferent für die „Young Life Beziehungsinitiative" im Ev. Jugendwerk in Württemberg. Die Initiative hat das Ziel, die Beziehungen zu Menschen und zu Gott überall in der Jugendarbeit neu bewusstzumachen und zu stärken. Mit dem Trainee-Programm verbindet er viele junge Menschen, die ihr Potenzial entdeckt haben und über sich hinausgewachsen sind.

DANKE an **Jule Kübler** und **Markus Weimer**, stellvertretend für das ganze Trainee-Team der Kirchengemeinde Böhringen. Ihr habt mit eurer Leidenschaft für junge Menschen die Idee geliefert, diesen Guide zu schreiben. Eure Erfahrungen waren uns eine starke Orientierungshilfe und große Inspiration! Besonders beeindruckend finden wir, wie ihr mit Trainee eine Leiterschaftsentwicklung konzipiert habt, die Jugendliche zu jungen Verantwortungsträgerinnen und Verantwortungsträgern für Kirche und Gesellschaft macht.

DANKE an **Monika Körner** für deine Zeit und Erfahrungen, die du in den Korrekturschleifen dieses Trainee-Guides eingebracht hast. Deine akribische Art, unsere Kapitel zu sichten und mit praktischen Erfahrungen und Impulsen zu bereichern, war super wertvoll. Insbesondere hast du dazu beigetragen, die Brücke zu bauen zum Trainee-Buch, das du mit herausgegeben hast.